FUNÉRAILLES

DU GÉNÉRAL

FANTIN DES ODOARDS

PARIS

IMPRIMERIE POITEVIN

RUE DAMIETTE, 2 ET 4

—

1866

FUNÉRAILLES

DU GÉNÉRAL

FANTIN DES ODOARDS

LA VEUVE ET LA FAMILLE DU GÉNÉRAL FANTIN DES ODOARDS, RECONNAISSANTES DES MARQUES DE SYMPATHIE QUI LEUR ONT ÉTÉ DONNÉES AU MOMENT OU ELLES ONT EU LA DOULEUR DE LE PERDRE, ONT DÉSIRÉ QU'UNE BROCHURE CONTENANT UN EXPOSÉ DE SA CARRIÈRE MILITAIRE ET LA RELATION DE SES FUNÉRAILLES FUT REMISE A SES AMIS.

Extrait de l'article de la REVUE DE L'EMPIRE, *numéro de septembre 1847, (Pages 284 à 286).*

Né à Embrun (Hautes-Alpes) le 23 décembre 1778, FANTIN DES ODOARDS entra au service le 19 juillet 1800 comme sous-lieutenant dans la légion vaudoise, devenue plus tard 31ᵉ d'infanterie légère. Il fit avec ce régiment les campagnes de l'an VIII et de l'an IX en Italie, celles de l'an XII et de l'an XIII à l'armée des côtes de l'Océan, et celles de 1806 à 1809 dans les rangs de la grande armée.

Blessé d'un coup de feu à la tête en Italie, Fantin des Odoars fut nommé lieutenant puis capitaine au 31ᵉ d'infanterie légère. A Friedland, n'ayant plus de cartouches, il se met à la tête de ses voltigeurs et charge à la baïonnette les tirailleurs russes qu'il jette dans l'Alle. Ce beau fait d'armes lui vaut la croix d'honneur; car, à cette époque de gloire, c'était par de longs services militaires, par des actes éclatants de bravoure que se gagnait une récompense aussi enviée.

Cité à l'ordre de l'armée pour sa belle conduite à Friedland, où il avait été blessé au bras d'un coup de feu, cet officier vit son nom mentionné de nouveau en 1809 pour le courage et le sang-froid dont il fit preuve à la prise de Porto en Portugal.

Après avoir servi de 1809 à 1811 en Espagne et en Portugal, le capitaine Fantin des Odoards passa le 24 juin 1811 avec ce dernier grade et le rang de chef de bataillon dans les grenadiers à pied de la vieille garde.

Le 8 octobre 1812, à Moscou, il fut promu au grade de major (lieutenant-colonel) dans le 17e d'infanterie de ligne. Pendant cette funeste campagne de Russie, l'armée put le compter au nombre de ces officiers que l'Empereur, dans son 29e bulletin, a qualifiés d'âmes bien trempées.

Aussi le voyons-nous recevoir en 1813, à la campagne de Saxe et de Bohême, la croix d'officier de la Légion d'honneur des mains mêmes de l'Empereur (une croix ainsi décernée était la plus grande distinction qu'un militaire pût ambitionner); et le 19 septembre de la même année, il était appelé à commander le 25e d'infanterie de ligne comme colonel.

Le 13 octobre 1814, M. Fantin des Odoards fut remplacé dans ce commandement et mis en non-activité par la Restauration. Aux Cent-Jours, il rentra dans les rangs de l'armée et combattit à Fleurus et à Wavres à la tête du 22e de ligne. Licencié avec l'armée de la Loire, ce ne fut que le 14 avril 1819 qu'il fut rappelé au service par le maréchal Gouvion Saint-Cyr, alors ministre de la guerre.

Placé à la tête de la 2ᵉ légion de la Manche, il fut nommé en 1821 au commandement du 3ᵉ de ligne.

Durant la campagne de 1823, en Catalogne, le colonel Fantin des Odoards eut l'occasion de se distinguer. Avec deux bataillons seulement, il attaque dix bataillons ennemis en position et enlève le pont de Molins de Rey, après avoir eu son cheval tué sous lui par trois balles tirées à bout portant. Cité à l'ordre de l'armée pour cet acte de vigueur, il fut promu maréchal de camp le 23 juillet 1823.

Après avoir exercé les fonctions de gouverneur de Tarragone dans le cours de la même année et d'inspecteur général d'infanterie en France pendant l'année 1825, le général Fantin des Odoards fit partie de la commission mixte de l'armement des places du royaume de 1826 à 1829.

Le gouvernement de 1830, qui à son ère nouvelle s'entourait de tous les anciens et meilleurs officiers supérieurs de l'Empire, nomma le général Fantin des Odoards membre du comité permanent de l'infanterie et de la cavalerie au département de la guerre en 1832, 1833 et 1834, puis membre du jury d'examen de l'École militaire de Saint-Cyr et de la commission d'état-major en 1834, 1835, 1837 et 1838.

Dans ces diverses positions, le général acquit de nouveaux titres à l'estime de ses frères d'armes par les connaissances spéciales et les hautes lumières dont il ne cessa de faire preuve.

Appelé à commander successivement les départements de l'Ain et de la Marne, il se fit aimer des troupes et des habitants, et le souvenir de son nom dans ces deux provinces est resté comme rappelant à tous un brave militaire et un homme de bien.

Passé dans la réserve le 24 décembre 1840, le général Fantin des Odoards s'est retiré à Saint-Leu-Taverny, où il vit entouré de la considération publique bien due à ses bons services et à son caractère loyal. Chevalier de Saint-Louis, décoré de la plaque de Saint-Ferdinand d'Espagne de quatrième classe, commandeur de la Légion d'honneur, des blessures et plus de dix-sept campagnes, tels sont les états militaires du général Fantin des Odoards; le respect de ses anciens soldats, quelques amis dévoués, l'estime de ses concitoyens, telle est sa vie privée.

Le lundi 21 mai 1866 une foule compacte et recueillie suivait la route qui conduit de l'église de Napoléon-Saint-Leu au cimetière de Taverny. La population entière de ces deux communes était sur pied : une perte cruelle avait frappé au cœur tous les habitants de la contrée. Un brave entre tous les braves, un glorieux débris des armées de la République et du premier Empire, le général L.-F. Fantin des Odoards venait de succomber dans sa quatre-vingt-huitième année, et l'on célébrait ses funérailles.

Après le service religieux le cortége s'est mis en marche dans l'ordre suivant :

1° L'orphéon de Saint-Leu, dirigé par M. Mervoyer ;

2° Les fanfares des sapeurs-pompiers de Saint-Leu

et de Taverny, exécutant tour à tour des marches funèbres ;

3° Les médaillés de Sainte-Hélène ;

4° Le clergé de Saint-Leu, relevé à la limite de cette commune par celui de Taverny ;

5° Le cercueil, porté par les membres de la Société de secours mutuels, qui formaient la haie intérieure du convoi ;

Les cordons du poêle étaient tenus par MM. Frenelet, chef de bataillon en retraite, officier de la Légion d'honneur, Duhousset, chef d'escadron d'état-major en retraite, officier de la Légion d'honneur, Félix Altiset, capitaine en retraite, chevalier de la Légion d'honneur, et Dubois, ancien maire de Saint-Leu, chevalier de la Légion d'honneur et médaillé de Sainte-Hélène ;

6° La famille du général ; MM. Osmond et Florimond Ledru, maire de Dormelles, ses beaux-frères ; M. Lefèvre, notaire à Béziers, son neveu, et M. Agnel, petit-fils du général Agnel, son cousin, conduisant le deuil.

7° Le conseil municipal de Saint-Leu, ayant à sa tête MM. Leduc, maire, et Paris, adjoint, et celui de Taverny, précédé de MM. Desfossés, maire, et de M. Langlois, adjoint.

8° Les nombreux amis du défunt, c'est-à-dire la population presque tout entière des deux communes, et une partie de celle des environs.

Les sapeurs-pompiers de Saint-Leu, commandés par MM. Marcaillou, capitaine ; Lucien Pigny, lieutenant, et Imbert, sous-lieutenant, et ceux de Taverny, sous le commandement de MM. Morisset, lieutenant, et Hude, sous-lieutenant, formaient la haie extérieure.

Un ordre admirable a régné pendant ce trajet de trois kilomètres.

Après les dernières prières de l'Église récitées par M. le curé du Plessis-Bouchard et le *De Profundis* chanté par l'orphéon de Saint-Leu, un ami du général, M. Maillard, officier d'académie, ancien chef d'institution à Paris, aussi honorable que distingué d'esprit et de cœur, a prononcé d'une voix émue et pénétrante le discours qui suit :

« L'amitié a ses exigences, Messieurs, et ses délicatesses. La famille de celui dont nous déplorons la perte aurait pu réclamer le concours d'une voix plus autorisée que la mienne. L'union dans la douleur, la sincérité des regrets lui ont paru des titres suffisants. Voici comment s'est trouvé dévolu à un citoyen obscur, peu disposé à se mettre en évidence, l'insigne honneur d'adresser au nom de ses parents, de ses amis, de la France elle-même, de suprêmes adieux à M. Louis-Florimond Fantin des Odoards, général de brigade du cadre de réserve, commandeur de la Légion d'honneur, Grand'Croix de l'ordre de Saint-Ferdinand d'Espagne, chevalier de Saint-Louis et de plusieurs autres ordres.

« Je n'entreprendrai pas de retracer ici la brillante carrière militaire du général Fantin. Il appartenait à cette génération, dont il était un des rares survivants, qui avait partagé les gloires et les désastres du premier Empire. Militaire instruit, soldat philosophe, il avait parcouru les armes à la main toute l'Europe, depuis l'extrémité du Portugal jusqu'au cœur de la Russie, mettant à profit ses courts loisirs pour étudier la langue et les mœurs des peuples dont il foulait le territoire, et rapportant de ses excursions lointaines une moisson de souvenirs qui devait embellir sa longue existence. Aussi, Messieurs, qu'elle était attrayante la conversation de cet aimable vieillard dont l'âge et les fatigues bien avaient pu affaisser le corps, mais dont ils avaient respecté l'intelligence et la mémoire ! Comme elle était émaillée d'observations fines et d'anecdotes piquantes !

« Si M. Fantin n'eût été aussi modeste en présence de la mort qu'il l'avait été pendant sa vie, une pompe plus imposante eût entouré son cercueil, mais il avait exigé que la plus grande simplicité présidât à ses funérailles, et le concours armé de nos sapeurs-pompiers est d'autant plus méritoire qu'il a été spontané de leur part. Ces braves gens n'ont pas voulu laisser s'acheminer solitaire et sans honneurs vers le champ de l'éternel repos la dépouille de celui qui avait été le compagnon d'armes de leurs pères.

« D'autres bannières nous rappellent la part que l'honorable général avait prise à la fondation de la Société de secours mutuels, de l'orphéon et de la fanfare.

« Il avait compris que les travaux de la paix avaient leurs invalides et leurs pupilles comme ceux de la guerre, et dans sa retraite il les entourait, les uns et les autres, de cette sollicitude dont il avait jadis fait profiter ses soldats.

« Vous avez aussi le droit d'approcher de cette tombe, vous qui portez avec orgueil la médaille de Sainte-Hélène. Venez apprendre de votre ancien chef comment on peut encore mourir en brave et en chrétien hors des atteintes du champ de bataille.

« Il me reste, Messieurs, un dernier devoir à remplir, c'est d'exprimer l'admiration universelle que nous a inspirée la vue des soins touchants qu'a mis à prolonger sa vie celle qui fut sa compagne fidèle et qui est maintenant sa veuve éplorée. Madame Fantin avait pour son mari une tendresse filiale. Nul ne sait mieux que nous combien elle le chérissait. Reportons donc sur elle les sentiments de respectueuse affection que nous avions voués à celui qui n'est plus. Unissons-nous à sa famille pour adoucir ses chagrins : ce sera encore un hommage que nous rendrons à une mémoire vénérée.

« Vous avez passé votre dernière revue, Général, et ce n'est pas celle dont vous devez être le moins fier. Maintenant reposez en paix au pied de notre vieille église, à l'abri des bois que vous aimiez, et vos restes mortels palpiteront encore lorsque, dans les fêtes nationales, la voix du tambour, se mêlant aux champs sacrés, s'élèvera vers les espaces célestes du haut desquels votre belle âme plane dès aujourd'hui sur nous. »

Madame la générale Fantin des Odoards et sa famille remercient sincèrement tous ceux qui assistaient à cette douloureuse cérémonie et dont les regrets s'unissaient aux leurs. Puissent les personnes qui n'auraient pas reçu de lettre de faire part voir là une difficulté matérielle résultant des circonstances et non point un oubli volontaire !

3772. — PARIS. — IMPRIMERIE POITEVIN, RUE DAMIETTE, 2 ET 4.